Y. 1091.

L'ART POETIQVE D'HORA-
ce, traduit en Vers François par Iacques Peletier
du Mãs, recongnu par l'auteur depuis la premie-
re impreſſion.

Moins & meilleur.

Imprimé a Paris par Michel de Vaſcoſan, au mois
d'Aouſt.   Auec priuilege de la Court.

M. D. XLV.

EXTRAICT DES REGIstres de Parlement.

La Court a permis et permect a maistre Iacques Peletier, pouoir faire imprimer & expoſer en uēte certain petit traicté ou liure intitulé l'Art poeticque d'Horace traduict par luy en Vers Frācois, et depuis par luy meſmes reueu & corrigé, defendant a tous libraires & imprimeurs de ce reſſort, icelluy liure imprimer & uendre ſans le congé & adueu dudict Peletier dedans deux ans prochains, a peine de confiſcation deſdictz liures, & amende arbitraire. Faict en Parlement le unziesme iour de Iuillet l'an mil cinq cens quarentecinq.

Collation eſt faicte.
Dutillet

AV LECTEVR.

LEcteur, tu trouueras en ce liuret l'orthographe francoise aucunement diuerse de celle qui est uulgairemēt prattiquee. A cette cause t'a eté premis ce petit auertissement, pour en passant te declairer les principalles raisons de l'auteur. L'une est, que tout ainsi que la parolle est significatiue de la pensee, semblablemēt l'orthographe de la parolle, alaquelle elle doit obeir fidelement: de sorte que ecrire autrement qu'on ne prononce, est comme si on parloit autrement qu'on ne pense. L'autre raison qui depend de la premiere, est pour euiter superfluité, laquelle sans ce qu'en toutes choses est reprenable, tient nostre langue Francoise en subgetiō, si biē qu'elle la garde de passer aux nations etranges, qui pour le grand entassement de lettres ne la peuent prononcer ni apprendre s'ilz ne sont sur les lieux. La tierce raison est pour commencer a regler & mettre au net notre langage, & faire a tout pouoir que prononciation pareille n'ait orthographe diuerse. qui est le plus expeditif moié qui puisse aquerir honneur & maiesté a une langue, comme on uoit de la Greque & de la Latine, desquelles l'orthographe est la pronōciation mesme sinon qu'elle est mue. Il est bien urai que telle entreprise ne se peut pas acheuer ni resoudre si a coup: & mesmes n'a semblé bon a l'auteur d'obseruer sa fantaisie de point en point et a la rigueur, bien congnoissant que trop soudaines mutations ne s'acceptent pas uolontiers: mais a eté content d'ouurir le chemin par le plus facile & commun endroit, en attendant que le temps qui addoussit & consomme toutes choses, donne peu a peu a cognoitre combien doit ualoir raison artificielle contre abus irregulier. A tant te suffira, ami Lecteur, n'etant ici le lieu de deduire toutes les raisons a ce appartenantes : ioint que ia ont eté pour la plus grand part decouuertes par autres bien entenduz, ainsi que tu puis uoir a ce qu'ilz en ont publié. Ce pendant tu prendras en gré ce qu'on fait pour le mieux, & en faueur de notre langue Francoise.

A TRESVERTVEVX ET NO-
ble homme Cretofle Perot Ecuier Seneschal du
Maine, Iacques Peletier Salut.

SI de bien pres on veut considerer le sti-
le des ecriuains du temps present, Sei-
gneur de renom, on voirra clairement
qu'ilz n'approchent pas de celle copieuse vehemen-
ce & gracieuse proprieté qu'on voit luire es au-
teurs anciens. Et toutesfois on ne sauroit raisonna-
blement dire que ce fut faute de grand esprit : car
si nous voulons mettre en conte les personnages qui
ont nagueres flori, & florissent encores de present,
nous trouuerons que notre secle est en cetui egard
de bien peu redeuable a l'ancienneté. Mais la prin-
cipalle raison & plus apparente, a mon iugement,
qui nous ote le merite de vrai honeur, est le mepris
& contennement de notre langue natiue, laquelle
nous laissons arriere pour entretenir la langue Gre-
que & la langue Latine, consumans tout notre têps
en l'exercice d'icelles. Au moien dequoi nous en
voions plusieurs, autrement tresingenieux & do-
ctes, lesquelz pour telle inusitation & nonchaloir
commettent erreurs lours & insupportables, nõ pas
en parler quotidien seulement, mais aussi en compo-
sition Francoise : si bien qu'ilz semblent prendre

A iij

plaisir exprés a oublier leur propre & principal langage. Ie seroie a bon droit estimé impudent calomniateur, et pour urai depourueu de sens cõmun, si ie uouloie deprimer ces deux tãt celebres & hõnorables lãgues, Latine & Greque, ausquelles sans controuerse, & singulierement a la Greque, nous deuons toute la congnoissance des disciplines, & la meilleure part des choses memorables du tẽps passé. Et tant suis loing de telle intentiõ, que ie soutiens estre impossible propremẽt parler ni correctement ecrire notre langue sans aquisition de toutes deux: ou bien, affin que ne soie trop rigoreux estimateur des choses, de la Latine pour le moins : car sans ce que la plus grãd partie de notre phrase & de noz termes uulgaires est tiree des langues susdictes, encores quant a l'inuention & disposition, lesquelles uertuz ne s'aquierent que par long usage & continuation de lire, c'est chose toute receue & certaine, qu'homme ne sauroit rien ecrire qui lui peut demeurer a honneur, & uenir en commendation uers la posterité sans l'aide & appui des liures Grecz & Latins. Mais ie ueux bien dire qu'a une langue peregrine il ne faut faire si grand honneur que de la requeillir & priser pour regetter & contenner la sienne domestique. I'ai pour mes garens les anciens Rõmains, lesquelz bien qu'ilz eussent en singuliere

guliere recommendation la langue Greque, toutefois apres i auoir emploié un etude certain, se retiroint a leur enseigne, & s'appliquoint a illustrer & enrichir leur demaine hereditaire, redigeans les preceptes philosophiques non en autre langage que le leur propre, & demeurans contens d'entendre la langue aquisitiue. Et tellement exploiterent en leur entreprise, que Ciceron prince d'eloquence Rōmaine se uēte que la Philosophie qu'ilz auoint empruntee des Grecz, est plus ornément et copieusemēt ecritte en Latin qu'en Grec. Et lui de sa part s'i gouuerna si bien, qu'a peine sauroit on iuger lequel des deux a dōné plus de lumiere et dignité, ou le Latin a la Philosophie, ou la Philosophie au Latin. A semblable Iule Cesar qui fut monarque du monde, n'auoit moindre solicitude & affectiō d'amplifier l'usance de sa langue, que de dilater les fins de l'empire Rommain. I'ai mesmemēt pour mes auteurs Petrarque & Bocace, deux hommes iadis de grande erudition & sauoir, lesquelz ont uoulu faire temoignage de leur doctrine en ecriuāt en leur Touscan. Autant en est des souuerains poetes Dante, Sannazar, aussi Italiens: lesquelz biē qu'ilz fussent parfondement appris en langue Latine, ont eu neantmoins ce iugement qu'il uaut mieux exceller en une fonction, pouruen que de soimesme soit honneste &

A iiij

digne d'homme liberal, qu'en l'abandonnant estre seulement mediocre en un autre bien que plus estimable. Il est bien urai que ces auteurs là ont aussi uoulu ecrire en Latin pour la maiesté & excellence d'icelui: Ce qui ne leur doit moienner petite louäge : car comme c'est une preeminence incomparable d'auoir esprit naturel plus qu'un autre, ainsi doit on reputer l'homme mal né & ingrat a soimesme, lequel se cõgnoissant capable de plusieurs louables professions, ne s'applique seulement qu'a une. Mais quant a ceux qui totalement se uouent & adõnent a une langue peregrine (i'entens peregrine pour le respect de la domestique) il me semble qu'il ne leur est possible d'atteindre a celle naïue perfection des anciens nõ plus qu'a l'art d'exprimer Nature, quelque ressemblance qu'il i pretende. Partant ne puis non grandement louer plusieurs nobles espriz de notre temps, lesquelz se sont etudiez a faire ualoir notre langue Francoise, laquelle n'a pas long temps cõmenca a s'anoblir par le moië des Illustratiõs de Gaule & singularitez de Troie, composees par Ian le Maire de Belges, excellent historiographe Francois, & digne d'estre leu plus que nul qui ait ecrit ci dauant. Et maintenant elle prend un tresbeau & riche accroissement souz notre treschretië roi Francois, lequel par sa liberalité roialle en faueur des

Muses

Muses s'efforce de faire renaitre celui secle tresheu-
reux, auquel souz Auguste & Mecenas a Romme
florissoint Virgile, Horace, Ouide, Tibulle, & au-
tres Poetes Latins: tellement qu'a uoir la fleur ou
ell'est de present, il faut croire pour tout seur que si
on procede tousiours si bien, nous la uoirrons de
brief en bonne maturité, de sorte qu'elle suppeditera
la langue Italienne & Espagnole, d'autant que les
François en religion & bonnes meurs surpassent les
autres nations. Et souuerainement cela se pourra
parfaire & mettre a chef moiennant notre Poesie
Francoise, a laquelle plusieurs ont de cetui temps si
courageusement aspiré, qu'il leur eut eté facile d'i
paruenir ne fut la persuasiō qu'ilz ont eue d'i estre
desia paruenuz. Or n'i a il meilleur moië d'i attein-
dre, que de congnoitre les uices d'icelle pour les eui-
ter, et les uertuz pour les obseruer: cōbien qu'a peu
pres on se puisse contenter de l'un d'iceux: pource
que cōgnu l'un de deux cōtraires, facilemēt se con-
gnoit l'autre. Surquoi se semble estre fondé notre
present auteur Horace: car ueritablement il n'a pas
tant cōpris les uertuz et proprietez d'icelle, cōme
les uices & abus, lesquelz il a entierement declai-
rez en cetui liure trop plus precieux que grand. Et
si on le ueut bien gouter & prattiquer, chacun ne
sera si hatif de mettre ses ecriz en lumiere sans

meure attente & preuoiance. Donques souz espoir
d'impetrer quelque faueur, & aucunement meri-
ter enuers ceux qui sont studieux de notre Poesie,
i'ai translaté cetui liure intitulé l'Art Poetique, &
l'ai uoulu approprier a icelle notre Poesie Francoise
entât qu'ai peu sauuer l'integrite du sens. Il est urai
qu'on i trouuera quelques passages qui ne seruent
pas beaucoup a notre uulgaire, comme quant il par-
le du pié Iābe, du chore des Tragedies, & de quel-
ques autres specialitez. Mais i'ai mieux aimé ser-
uir au bien publiq en communicant plusieurs belles
traditions, sans lesquelles n'est aucunement possible
d'ouurer en Poesie, que non pas qu'elles demeuras-
sent cachees pour la sugetion de deux ou trois en-
droiz, combiē qu'ilz ne soint du tout inutiles : Car
si le Lecteur est de bon iugement, il en pourra bien
faire son profit en notre Frācois mesme.   Ce mien
labeur de pieça entrepris, et quelque tēps intermis,
a eté par moi nagueres repris & acheue. Et sur le
point de le mettre en euidence, uotre humanité sin-
guliere, noble seigneur, & le plaisir que uous pre-
nez es choses qui concernent l'anoblissemēt & de-
coration de l'esprit, selon le loisir que uous ottroient
les negoces ciuilz, et urgens exercices de uotre iu-
ridiction, m'ont donné l'auis, confermé le propos,
& augmenté le courage de le uous addresser &
dedier,

dedier. Puis le vrai point qui m'asseure qu'il sera de vous fauorablement receu, est que l'inuention prouient d'un auteur lequel par sus tous a ecrit exactement, & excellé en brieueté sentencieuse, comme votre parfaict iugement pourra congnoitre.

Dizain.

P etit Liuret, qui n'es mien qu'a demi,
T e doi ie mettre en ueue? pour quoi non?
D e quoi crains tu l'enuieux ennemi,
L equel ne peut rabaisser ton renom?
C' est le urai point si les hommes de nom
N e sont de toi & de moi mal contens:
A u fort, ie n'ai du tout perdu mon temps,
C ar ie suis seur que ceux qui te liront,
P osé qu'en toi ne prengnent passetemps,
A tout le moins profit i sentiront.

L'ART POETIQUE D'HORACE
traduit en Vers François par Iacques Peletier du Mans.

SI quelque peintre auoit fait le protrait
D'un chef humain, puis en changeãt de trait
Faisoit le col d'un cheual, & l'image
Etoit semé de different plumage,
Et composé de membres amassez
De toutes pars, lourdement compassez,
Tant que le haut par etrange façon
Fut femme belle, & le bas un poisson:
Seigneurs uenuz ce tableau regarder,
Pourriez uous bien de rire uous garder?
Croiez, lecteurs, qu'a cette protraitture
Sera du tout semblable l'ecritture
Aiant le stile & ordre poetique,
Ni plus ni moins qu'un songe fantastique
D'un patient, si qu'en aucune sorte
Ni pie ni teste a un cors se rapporte.
Peintres tousiours, & Poetes ensemble
Feignent & font tout ce que bon leur semble:
Il est bien urai, & d'une telle excuse
Vser uoulons, & que chacun en use:
Mais non pourtant que la douceur du miel
Soit assemblee auec l'aigreur du fiel,

Ni les serpens auec les oiseletz,
Les Tigres fiers auec les aigneletz.
  A un exorde issant de haute uois,
Et qui promet grans choses, maintes fois
Sont attachez mainz ornemens de lustre
Pour faire l'euure apparoir plus illustre,
Quant on decrit la forest decoree,
Auec l'autel de Diane honnoree,
Ou le circuit du ruisseau ondoiant
Faisant son bruit par le pré uerdoiant,
Ou bien le Rhin gracieux & doux fleuue,
Ou l'arc du ciel qu'on uoit auant qu'il pleuue:
Mais quoi? cela ici n'est pertinent,
Et diroit lon de toi incontinent,
Tu es celui qui faiz peindre un Cipres:
A quel propos, si un marchant, apres
Estre eschapé de mer tout eperdu,
Ou son nauire & son bien a perdu,
Veut estre peint pour argent auancé?
Vn uaisseau large & long est commencé,
Donques pourquoi tant que la roue court,
S'en fait il un plus etroit & plus court?
A brief finir, il faut que tout Poeme
Suiue par tout un simple & egal theme.
  Pour la plus part, nous qui suiuons l'affaire
De poesie, en guise de bien faire

sommes

Sommes deceuz: Brieueté ie procure,
Ma brieueté rend la matiere obscure.
Qui trop se plaist en delicat ouurage,
En lui defaut la force & le courage:
Celui qui est de hauz cas professeur,
Deuient enflé. Qui ueut estre trop seur,
Et qui craint trop de la mer les combatz,
Il glisse en terre, & demeure trop bas:
Celui qui ueut deguiser amplement
Chose qui est une tout simplement,
Veut le Dauphin aux bois acoutumer,
Et le Sanglier faire uiure en la mer.
L'esprit humain en erreur est induit
En l'euitant, s'il n'est par art conduit.
 Vn Imager par engin souuerain
Bien sait tailler les ongles en erain,
Et les cheueux imiter uiuement,
Mais il sera en son acheuement
Mal fortuné, si, comme il est metier,
Rendre ne peut l'ouurage tout entier:
Si ie faisoi quelque euure en mon endroit,
Estre semblable a lui, ne me chaudroit
Non plus qu'auoir le nez contrefait, uoire
Aiant les ieux & la perruque noire.
 Vous ecriuains, prenez un argument
A uous egal, & pensez longuement

Ce que pourrez, ce que ne pourrez point:
Qui son suget aura choisi a point
Selon sa force, il n'aura nul defaut
De motz exquis, ni d'ordre tel qu'il faut.
    Toute la force & grace en disposant,
Ou ie m'abuse, est que le composant
Die en l'instant ce qu'en l'instant doit dire,
Et plusieurs poinz il reserue a ecrire
En temps & lieu, & qu'il sache accepter
Tel incident, & un tel regetter.
    Or si tu ueux nouueaux motz faire naitre,
Il te conuient bien modeste & fin estre.
Loué seras si d'un mot de saison
Tu en fais un par bonne liaison
Qui soit nouueau. S'il faut que tu reueles
Par nouueaux motz choses toutes nouuelles,
Feindre pourras termes qui n'ont eté
Ditz ni congnuz par l'ancienneté,
Et te sera permise & approuuee
La nouueauté sobrement controuuee.
Les motz nouueaux & nagueres tissuz
Seront en pris, pourueu qu'ilz soint issuz
Des motz Latins, sans trop les deguizer.
Mais en ceci peut on fauorizer
Alain & Mun, & qu'un pareil credit
Soit a Marot & Merlin interdit?

                              Et si ie

Et si ie puis feindre comme les uieux,
Pourquoi est on deſſus moi enuieux,
Veu que Cretin & Ian le Maire ont fait
Notre Francois plus riche & plus parfait,
Et nouueaux motz ſur les choſes ont mis?
Touſiours ſera & a eté permis
Produire un nom tout neuf qui repreſente
Le propre trait de la mode preſente:
Ni plus ni moins qu'un bois ſe renouuelle,
Par chacun an de uerdure nouuelle
Aiant ietté tout ſon premier feuillage,
Ainſi des motz ſe paſſe le uieil age,
Et ſont en fleur les uocables recens,
Ainſi que ſont ieunes adoleſcens.
 Nous & noz faitz ſommes pour final terme
A mort uouez. Ce qui fut terre ferme,
Eſt maintenant tout propre au nauigage
De par Ceſar. Auſſi le marecage
Long temps ſterile & propre a l'auiron,
Ores nourrit les uilles d'enuiron:
Et eſt ſouuent de charrue exercé.
Auſſi le Tibre ailleurs a trauerſé
Laiſſant le cours aux ſemences nuiſible,
Et en a pris un autre plus duiſible.
Donq ſi les faitz humains doiuent mourir,
Comment pourront les motz touſiours florir?

B

Encor' seront les uocables repris
Qui ont eté pieca mis a mepris:
Et ceux aussi ausquelz l'honneur on donne,
S'aboliront si l'usage l'ordonne,
Vsage uif, souz lequel gıt la forme
De tout parler, la uertu & la norme.
 Montré nous a Homere par quel metre
Et en quel stile on doit les gestes mettre
Des Rois puissans, & prouesses hautaines
Mises a chef par les preux capitaines.
 Les uers cónioinz par inegal compas
Dire on souloit sur le dernier trepas
Au temps premier, puis les ioieuses choses
I ont eté semblablement encloses:
Mais toutesfois qui a eté l'auteur
De l'Elegie & premier inuenteur,
Grammariens en sont en procedure,
Et souz le iuge encor' leur proces dure.
 Archilocq' mit par courroux furieux
Son propre Iambe en uers iniurieux.
De cetui pié usa la Comedie,
Et mesmement la haute Tragedie,
Pource qu'il est au mutuel parler
Fort conuenable, & qu'il meine par l'air
Plus grand reson que le peuple bruitif,
Et est des faitz communs executif.

Dieux

Dieux, Demidieux, & Athletes puissans,
Et le combat des cheuaux hannissans,
Et les banquetz & plaisirs ueneriques
Comprint la Muse es premiers uers Liriques.
　Si ie ne puis garder les diuers signes
De chacun fait, & les couleurs insignes
En ecriuant, pourquoi suis ie nommé
Monsieur le Poete, & pour tel renommé?
Point ne requiert la matiere Comique
Estre traittee en un stile Tragique:
Aussi n'est bon que faitz de trouble on die
En simples uers & bons en Comedie.
Brief chacun fait selon sa difference
Tiegne son lieu en propre coherence.
Ce nonobstant si uoit on quelquefois
Que Comedie un peu hausse sa uois,
Et le Tragique en ses plaintifz debaz
Vse de motz assez humbles & bas.
　Or si Telephe & Pelee ebahiz,
Tous indigens, & banniz du päis
Veulent naurer les keurs & pensemens
Des spectateurs par leurs gemissemens,
Ietter leur faut ces gros motz & uenteux
Mal conuenans aux hommes souffreteux.
　Ce n'est assez qu'un Poeme soit luisant
En motz exquis, s'il n'est doux & plaisant
　　　　　　　　　B ÿ

L'ART POETIQVE

Si bien qu'il puisse emouuoir le desir
De l'auditeur a son gre & plaisir,
Les ecoutans sont prouoquez a ris
En uoiant rire, & se montrent marriz
Du deuil d'autrui. si tu ueux que ie pleure,
Premier te faut lamenter, & a l'heure
Bien me poindra la douleur qui te point.
   Toi complaignant si tu ne dis a point
Le mandement qu'on t'a baillé a dire,
Ie dormirai, ou me prendrai a rire.
A un maintien de tristesse & souci
Conuient propos plaintif & adoußi.
A l'homme plein de depit courageux
Faut un parler terrible & outrageux,
A l'homme gai motz ioieux & lascifz,
A l'homme uieil propos meurs & raßiz.
Car tous obgetz des cas exterieurs
Nous met Nature es sens interieurs
Premierement: plaisir elle nous cause,
Ou de courroux elle nous donne cause,
Ou quelque fois d'un creuekeur amer
Elle nous fait iusqu'en terre pamer:
Et le secret de la pensee alors
Par le moien de la langue met hors.
   Si le propos de celui qui dira,
Ne lui conuient, tout chacun s'en rira:

grand

D'HORACE.

Grand chois i a: car le rolle du maitre
Et du ualet semblable ne doit estre,
Ni le uieillard desia meur & prudent
Au ieune filz couuoiteux & ardent,
Ni une dame opulente & honneste
A la nourrice a tout seruice preste:
Ni un marchant qui pour gaing par tout erre,
Au päisant qui laboure la terre,
Ni un Lombard au courageux Francois,
Vn Allemant au natif Escossois.
  Au bruit commun il faut que tu te formes,
Ou feignes cas ensemble tous conformes:
Si tu decriz un Achille honnoré
Du grand Homere en son stile doré,
Fai le hardi, ireux, inexorable,
Impetueux, apre, & insuperable,
A toutes loix niant obeissance,
Tout usurpant par armes & puissance:
Medee soit cruelle & furibonde,
Inon plaintiue, & Ion uagabonde,
Sans loiauté soit decrit Ixion,
Oreste plein de triste affliction.
  Mais si tu ueux chose incongnue adduire,
Et un nouueau personnage introduire,
Garder lui doiz iusques au bout du rolle
Pareil maintien, & semblable parolle:

                  B iij

L'ART POETIQVE

Difficile est dire de son esprit
Ce que par autre onques ne fut ecrit:
Et plus seur est de prendre pour ton theme
Et ton guidon l'Homerique poeme,
Que d'inuenter de ton propre cerueau
Quelque suget incongnu & nouueau.
 Vn argument commun & regulier
Sera trouué propre & particulier,
Si trop tu n'es arresté & suget
A un circuit trop ample & trop abiect,
Et n'est besoing d'auiser de si pres
A translater mot pour mot tout expres,
Et n'entreras en un si etroit lieu,
Qu'apres saillir ne puisses du milieu,
Voulant sauuer une honteuse crainte,
Et de ton euure une loi trop contreinte:
Et ne feras un exorde si uain
Comme iadis l'ambagique ecriuain,
Du Roi Priam la fortune ecrirai,
Et les combatz horribles ie dirai.
Qu'apportera ce promettant si rogue
Pour accomplir ce glorieux prologue?
Vne montaigne enceinte apparoitra,
Vne souriz ridicule naitra.
Trop mieux a dit ce poete sauant,
Qui sans propos ne met rien en auant.

Muse

Muse di moi l'homme plein d'entreprise,
Lequel apres que Troie a eté prise,
A eprouué maintes diuersitez
D'hommes uiuans, & païs & citez.
Donner il neut non de clairté fumee,
Ains de fumee une flamme allumee,
Pour parapres mettre en merueilleux stile
Vn Antiphate, une Charybde, & Scylle:
Et le retour de Diomede pas
Ne ua conter des la mort & trepas
De Meleagre: ou deux œuz recenser
Pour des Troiens la guerre commencer.
Tousiours il tend a finir son propos,
Et au milieu rend l'auditeur dispos
A conceuoir les choses precedentes
Qu'omises a comme bien euidentes:
Et ce qu'il uoit ne pouoir prendre teint
En ecriuant, aucunement n'atteint:
Et tellement ses fictions pallie,
Ainsi le urai auec le faux il lie,
Que le milieu du premier ne differe,
Et que la fin au milieu se refere.
 En cet endroit sais tu que ie requiers,
Et tout le peuple auec moi? si tu quiers
Iusqu'a la fin auoir los & faueur,
Et que lon trouue en tes euures saueur,

B iiij

L'ART POETIQVE

L e naturel te conuient regarder
D e chacun age, & entier le garder,
E t exprimer les gestes bien seans
A ux changemens des natures & ans.
    L'enfant petit qui desia sait parler,
E t qui seulet fermement peut aller,
E st de iouer a ses pareilz bien aise:
I l se courrousse, & soudain se rappaise,
E t a tous coups change d'affection.
    L'adolescent hors la correction
D u pedagogue, aime cheuaux & chasse,
E t au soleil sus l'herbe se delasse,
F acilement a malice s'applicque,
E t rudement aux remontrans replicque,
E st bien a tard de son bien prouident,
P rodigue, fier, couuoiteux, & ardent,
T ost ennuié de son premier plaisir.
    L'age uiril change, & met son desir
A biens auoir, & amis meriter,
C raint son honneur, & sait bien euiter
C e que changer conuiendroit parapres.
    Plusieurs ennuiz enuironnent de pres
L' homme uieillard: car etant plantureux
E n biens aquis, tant il est malheureux,
I l les epargne, & user il n'en ose,
I l est timide & froid en toute chose,

Grand

Grand delaieur, long d'espoir, imbecille,
Et curieux du futur, difficile,
Plein de chagrin, louant le temps premier
Qu'il etoit ieune, & censeur coutumier
Des ieunes gens. Les premiers ans qui sortent,
Plusieurs bontez auec eux nous apportent,
Plusieurs aussi emportent en allant.
Pource il ne faut qu'un ieune homme parlant
En son maintien un uieillard represente,
Ni qu'un enfant son homme uiril sente.
Tousiours aurons egard au personnage
Qui est duisant & propre a chacun age.
    En plein spectacle on traitte quelque chose,
Ou desia faite au peuple elle s'expose:
Ce qu'on entend seulement par l'aureille,
Aux keurs ne fait emotion pareille
Comme s'il feut de l'œil ferme apperceu,
Et par effet du spectateur receu:
Mais on ne doit sus l'eschauffaut montrer
Ce qui se doit au dedens accoutrer,
Et plusieurs cas faut oter hors des ieux
Qui se diront de bouche beaucoup mieux.
Il ne faut pas que Medee endurcie
Ses propres filz dauant le peuple occie,
Aussi non plus qu'Atree l'inhumain
Cuise les filz de son frere germain,

L'ART POETIQVE

O u bien que Progne en oiseau de iargon
S ort transmuee, ou Cadme en un Dragon:
T out ce qu'aux ieux me montres en ce point,
I e le dedeigne, & si ne le croi point.
    La fable aussi qui ueut estre louee,
E t de rechef presentee & iouee,
C inq actes doit, ni plus ni moins, auoir,
E t Dieu aucun parlant on n'i doit uoir,
S inon qu'un point bien doutteux le requiere:
E t i parler un quatriesme ne quiere.
L e Chore soit du parti de l'acteur,
E t de uertu uirile protecteur,
E t ne propose entre les actes rien
Q ui ne profitte & conuiegne tresbien:
D eparte aux bons faueur perpetuelle,
E t aux amis amitié mutuelle:
D es courroussez refreigne la fureur,
E t aime ceux qui ont uice en horreur:
V oise louant frugalité de table,
V oise louant iustice profittable,
C iuiles loix, paix qui tient tout ouuert
E n seureté: tiegne un secret couuert:
P rie les Dieux qu'aux affligez fortune
P ropice soit, & aux fiers importune.
    Garni n'etoit de cuiure le hautbois
C omme a present, & n'imitoit la uois

                          De la

De la trompette, aincois grelle & uni,
Et de pertuis n'etoit gueres muni
De bon accord pour aßister aux chores,
Et pour remplir les sieges, qui encores
N'etoint epais du reson qu'il iettoit :
Car pour le temps le peuple encor' etoit
De petit nombre, honneste, & sans enuie,
Continent, chaste, & de modeste uie :
Mais quant il uint par frequente uictoire
Augmenter le petit territoire.
Et la cité, & sans loi sur le iour
Boire d'autant aux festes de seiour,
Lors creut außi la licence hardie :
De la mesure & de la melodie :
Car puis le temps qu'auecques les bourgeois
Furent mellez agrestes uillageois
Abandonnans charrues & labours,
Comment ne fut tout allé au rebours,
Etans aßis gens qui ne ualent rien,
Confusement auec les gens de bien ?
Et de la uint que le Musicien
Gestes de corps auec l'art ancien,
Et uolupté superflue mella,
Se pourmenant par le ieu ca & la.
De la außi s'eleuerent les sons
Des instrumens en plus hauttes chansons :

Consequemment l'audacieuse langue
Vser uoulut de nouuelle harengue:
Philosophie aussi, qui est fontaine
De bonne uie, & notice certaine
Des cas futurs, & des secretz miracles
Deuint semblable aux Delphiques oracles.
 L'auteur premier qui fit Tragiques uers,
Montra depuis Satires decouuers,
Et si uoulut auec l'apre matiere,
Gardant tousiours la grauité entiere,
Entremeller propos facecieux,
Pour amuser par attraiz gracieux
Et tous nouueaux les spectateurs deliures
Du sacrifice, & desia demiz iures,
Sans nulle loi en leurs plaisirs rauiz.
 Mais il fauldra auoir certain auis
En produisant les satires mocquars
Et reprenans, en ioignant les brocars
Aux graues faitz, qu'un Dieu par nous montré
Ou demidieu, qu'on a ueu accoutré
Par ci dauant en roial uetement
On n'oie apres parler petitement:
Et tragedie, ou propres ne sont pas
Les uers legers, & de stile trop bas,
En euitant la terre qui est basse
Par sus les uens & les nues ne passe:

        Comme

Comme s'on uoit une bourgeoise honneste
Entrer en danse a quelque iour de feste,
Estre deura plus modeste a urai dire
Que ne seroit un petulant Satire.
  Quant toutesfois Satires i'ecrirai,
A grestes motz seulement n'elirai,
Ni affectez en leur proprieté,
Aussi n'aurai si grande anxieté
De m'elongner hors des Tragiques rengs,
Que point ne soint en parler differens
Daue le serf, & Pithias chambriere
Qui d'arracher le talent fut ouuriere
Du uieil Simon, ou Silene le gent
Du Dieu Bacchus nourricier & regent.
  Vne notoire & commune sentence
Ie choisirai, si bien que chacun pense
En faire autant, mais qu'a l'essai il pregne
Peine tresgrande, & en uain entrepregne
En faire autant. Tant uertueuse & uiue
Est l'ordonnance & ioincture näiue.
Tant peut uenir d'excellence & de pris
A ce qui est d'un lieu uulgaire pris.
  Ie suis d'auis que les Satires nuz
Qui des foretz nagueres sont uenuz,
Ne semblent point estre nourriz en uille,
Ni approcher de la mode ciuile,

L'ARRT POETIQVE

V sans de uers doux & ingenieux,
D e salles motz & ignominieux:
C ar les seigneurs de noblesse & de bien
S ont deplaisans de cela, & combien
Q u'il peut donner plaisir auriculaire
A l'ignorant & rude populaire,
E ux toutesfois, qui sont plus delicatz,
N' en sont contens, & si n'en font nul cas.
  V ne sillabe allongee souzmise
A une brieue, est pour Iambe prise,
P ié fort leger: & pour cela Trimetres
S ont appellez les Iambiques metres,
V eu qu'en un uers six fois il redoubloit:
P ar ci dauant a soi il ressembloit
I usqu'a la fin, mais depuis peu d'espace
L es fermes piéz spondees, de sa grace,
P our estre un peu plus pesant a ouir,
D e son demaine il a laißé iouir:
N on pas qu'il fit un si grand priuilege
D e delaisser le second & quart siege.
B ien peu souuent tel est trouué es uers
D es Poetes Acce & Enne tresexpers.
  Les uers marchans de graue pesanteur
S ont reprouuez par le sauant lecteur,
Q ui blame en eux trop grande promptitude,
E squelz n'appert aucun soing ni etude:

           Ou il

Ou il presume estre l'art ignoré,
Qui bien fort rend l'autheur deshonnoré.
 Chacun n'a pas de iugement assez
Pour discerner les uers mal compassez,
Et a eté a noz Poetes permise
Vne licence indigne d'etre admise:
Mais pour cela me mettrai ie en hazard
D'ecrire uers sans mesure & sans art?
Ou si ie doi cette pensee auoir
Que tout chacun mes fautes pourra uoir,
Aiant plus cher me taire en asseurance,
Qu'en tel pardon mettre mon esperance:
S'ainsi ie fai, coulpe i'ai euitee,
Mais ie n'ai pas louange meritee.
De mon conseil lisez soirs & matins
Les liures Grecz & les liures Latins.
 Il est bien urai que noz anciens peres
Ont fort prisé les mesures liberes
D'Alain & Mun, & les rimes ensemble,
Mais toutesfois des deux, comme il me semble,
Trop doussement, & s'il faut dire ainsi,
Trop sottement se sont ebahiz, si
Bien nous sauons faire le urai discrime
D'une mauuaise & d'une propre rime.
 La Tragedie encor' non eprouuee
Fus par Thespis premierement trouuee,

L'ARRT POETIQVE

Qui ses ecritz ça & la conduisoit
En chariotz, & iouer les faisoit
Par histrions, qui la face de lie
Couuerte auoint: depuis fut abolie
Telle façon, lors que du faux uisage
Le Poete Eschile introduisit l'usage,
Aussi d'habitz plus propres & gentilz,
Lequel dressa l'eschauffaut d'ais petitz,
Et enseigna a parler hautement,
Et a user d'un stile uehement.
 Apres suruint la uieille Comedie,
Non sans honneur, mais licence hardie
Tomba en uice & excessif tumulte
Digne qui fut par senatusconsulte
Mieux reformé. parainsi le statut
Fut accepté, & le chore se teut,
Et i mit lon telle police & ordre,
Que plus n'i eut impunité de mordre.
 Grande a esté des notres l'entreprise,
Et dignes sont que beaucoup on les prise
D'auoir osé la trace abandonner
Des etrangers, & en fin s'addonner
A celebrer les choses domestiques
En tous ecritz & genres Poetiques:
Et ne seroint les François plus parfaictz
En bonnes meurs & en belliqueux faitz

Qu'en

D'HORACE.

Qu'en beau parler & affluente ueine,
N'etoit que nul ne peut prendre la peine
De bien limer ses ecriz & d'attendre.
O uous lecteurs ne feignez de reprendre
L'œuure qui n'est reueu & repassé
A long ennui, & souuent effacé,
Tant qu'a la fin pleine correction
Lui ait donné pleine perfection.
 Le naturel, ce semble a Democrite,
Trop plus que l'art, de louange merite,
Et sont par lui forclus de Poesie
Tous ecriuains de saine fantasie:
Et pour cela plusieurs sont paresseux
D'oter leur barbe, & leurs ongles crasseux.
En coins secretz demeurent a l'emblee,
Fuient les lieux de publique assemblee:
Car celui la pourra auoir renom,
Et meriter de Poete le nom,
Qui onq sa teste (ou ne pourroit suffire
Tout l'ellebore apporté d'Anticire)
Pour guerison au barbier ne fit raire.
O moi trop fol, & a mon bien contraire,
Qui m'accoustume a purger mon cerueau
Melancholiq' quant uient le renouueau,
Il ne seroit tel Poete que moi:
Mais tout cela m'est un trop grand emoi,

       C

Donq la facon de la meule ueux prendre,
Laquelle peut le couteau trenchant rendre,
Bien qu'elle n'ait de couper l'artifice.
Rien n'ecrirai, & montrerai l'office
Et le moien pour aux biens paruenir,
Et ce qui peut un Poete entretenir,
Et consommer: ce qui est conuenable
Ou messeant a l'homme raisonnable,
A quelle fin peut uertu conuoier,
A quelle fin peut uice deuoier.
   Certainement sapience hautaine
De bien ecrire est la source & fontaine.
Tu as Socrate & ses beaux monumens
Pour requeuillir plantureux argumens,
Puis quant seront les argumens tous quis,
Sans nul refus uiendront les motz exquis.
   Qui a apris en quoi git la pitié
Deue au päis, & la loi d'amitié,
Combien on doit les chers parens aimer,
Combien on doit frere & hôte estimer,
Quel est l'etat des roiaux Iusticiers,
Des auocatz, & autres officiers,
Par quel moien pourra honneur aquerre
Vn capitaine enuoié a la guerre,
Celui pour urai sait bien la grace bonne
Approprier a chacune personne.

C'est

D'HORACE.

C'est mon conseil qu'un vrai imitateur
Soit de la vie humaine spectateur,
Pour exprimer apres selon icelle
Les viues vois: car une farce belle
En plaisans ditz, ou les meurs de chacun
Gardees sont sans ornement aucun,
Sans pois & art, aucunesfois recree
Les ecoutans, & trop plus leur aggree
Que vers qui sont steriles & sans force,
Et motz exquis rien n'aians que l'ecorce.
  Grecz & Latins eurent esprit fecond,
Et un parler elegant & facond,
Car ilz n'etoint point auaricieux
Sinon de gloire & de los precieux:
Noz filz de France apprennent a long conte
A calculer combien un trezor monte:
Ie parle au filz d'un marchant, mettons cas
Que d'un milier i'ote six cens ducatz:
Combien reste il? quatre cens: comment? certes
Bien te pourras sauuer de toutes pertes:
I'en remetz cent, maintenant combien est ce?
Cinq cens ducatz. Or si des leur ieunesse
Tel appetit & soing de biens auoir
Est en leur keur imprimé, assauoir
S'ilz ecriront quelqu'euure desormais
Qui puisse viure & durer a iamais?
       C ij

L'ART POETIQVE

L'intention des Poetes se fonde
A enseigner ou delecter le monde,
O u a traitter matieres delectables
E t tout ensemble a uiure profitables.
S ois tousiours brief en ta doctrine toute,
A celle fin que celui qui l'ecoute,
L a conceuoir puisse facilement,
E t retenir bien & fidelement.
T out superflu est promptement coulé
D e l'esperit qui se sent trop foulé.
    Les fictions pour plaisir emouuoir,
D e uerité doiuent couleur auoir.
F able ne doit auoir si grand credit,
Q' uon mette foi en tout ce qu'elle dit,
E t parainsi arracher ne doit mie
V n enfant uif du corps d'une Lamie.
V ieillesse graue un Poeme meprise
O u n'est aucune utilité comprise,
E t le propos seuere & triste blesse
L a tendre aureille aux seigneurs de noblesse.
L e pris merite entre tous, pour tout seur,
Q ui peut meller profit auec dousseur,
E n delectant & apprenant a uiure
P ar un moien au Lecteur. un tel liure
O r & argent aux imprimeurs amasse,
E t en brief temps outre la mer il passe,

Et longue

Et longue uie a l'auteur peut donner.
  Mais toutesfois bien uoulons pardonner
Aucuns defaux: car le son de la corde
Auec l'esprit & main tousiours n'accorde,
Et bien souuent par eprouue uoit on
Qu'au lieu d'un bas elle rend un haut ton.
Aussi l'archer tant soit il auisé,
Tousiours ne frappe ou son œil a uisé.
Mais si un euure est illustre & luisant
En mains endroiz, serai ie deplaisant
De peu d'erreurs commis par negligence,
Ou non preueux d'humaine intelligence?
Non: comment donq? l'imprimeur coutumier
De recouurer a son erreur premier,
Combien qu'on l'ait repris & enhorté,
Estre ne doit en son fait supporté:
Et l'Organiste est moqué a bon droit
Qui tousiours faut dessus un mesme endroit.
Aussi celui qui tant d'erreurs assemble,
Et si souuent, un Cherile me semble,
Duquel me faut emerueiller & rire
Quant deux bons uers ou trois il peut ecrire,
Et en auoir angoisse au keur amere.
Aucunefois dort le sauant Homere.
Mais on peut bien excuser & souffrir
Qu'a long labeur sommeil se uiegne offrir

C iij

L'ART POETIQVE

La Poefie a la peinture approche,
Car l'une plait quant plus on en eſt proche,
Et l'autre rend plus beau luſtre de loing.
L'une demande eſtre veue en un coing,
L'autre en plein iour ſi naïue ſe trouue,
Que rien ne craint l'œil ſutil qui l'eprouue.
L'une une fois ſeulement plait aux ieux,
L'autre plaira touſiours de bien en mieux:
Toi Iouuenceau, quelque bon fondement
Qui ſoit en toi, ou meur entendement,
Ce mot te faut en ta memoire auoir
Qu'en certains ars mediocre ſauoir
Bien eſt permis. quelque docteur en droit,
Ou auocat ſauant en ſon endroit,
Mais qui n'a pas telle grace & faconde
Qu'auoit Poiet, ou en ſauoir n'abonde
Comme Liſet, ſi eſt il en maintz lieux
Bien eſtimé. mais quoi? hommes ni dieux,
Ni ecritteaux ne diſpenſent un homme
D'eſprit moien que Poete on le nomme:
Ni plus ni moins qu'en un ioieux repas
Vn rude chant ſans meſure & compas,
Et quelque onguent que le ſentir dedeigne:
Et du pauot auec miel de Sardeigne
Aux aſſiſtans fait ennui amaſſer,
Car le banquet s'en pouoit bien paſſer.

Pareillement

Pareillement la notre Poesie
Pour delecter les keurs nee & choisie,
Si du plus haut quelque petit descend,
Iusqu'au plus bas decliner on la sent.
   Celui qui est aux armes inhabile,
Et n'est expert de iouer a la pile
Ou a la barre, il s'en demet & garde
Craignant le ris du peuple qui regarde.
L'indocte mesme ecrit uers: pourquoi non?
Moi qui suis noble & d'armes & de nom,
Veu mesmement que i'ai rentes & cens,
Et d'aucun uice entaché ne me sens?
Rien ne diras ni feras alencontre
Du urai instinct que Nature te montre.
Tu l'entens bien, toi qui as bon esprit.
Si toutesfois un iour ta plume ecrit
Quelque Poeme, il le faudra souz mettre
Au iugement d'un bon Poete ou maitre,
Et le serrer neuf ans en attendant.
Ainsi pourras corriger ce pendant
Ce qui sera pardeuers toi celé.
L'euure hors mis, iamais n'est rappellé.
   Iadis Orphee enuoié es bas lieux
Pour annoncer les mysteres des Dieux,
Seut diuertir les hommes qui sans loix
D'occisions uiuoint parmi les bois.

C iiij

L'ART POETIQVE

Pource dit on que les Tigres terribles
Il adouſsit, & les Lions horribles:
Et Amphion, lequel Thebes baſtit,
Si douſſement une harpe batit,
Que par ſon chant les pierres aſſembloit,
Les conduiſant la ou bon lui ſembloit.
C'etoit un fait tadis fort ſingulier
De ſeparer le bien particulier
Du bien publiq, & prophane tollir
Du conſacré, uolupte abolir
Sans chois certain a tous abandonnee,
Etant au lieu la coutume ordonnee
De mariage, edifier les uilles,
Et ſur le bois grauer les loix ciuiles.
Ainſi auint qu'en honneur & renom
Fut illuſtré des Poetes le nom.
Apres eux uint Homere non pareil,
Tirtee auſsi, qui fit ſon appareil
Pour emouuoir par heroiques carmes
Les keurs hardiz aux martiaux alarmes.
Lors furent ditz les oracles en uers,
Et de bien uiure enſeignemens diuers,
Et fut par uers l'amour des Rois aquiſe.
Puis en auant Comedie fut miſe,
Auec repos de la longue beſongne,
Affin, au moins, que n'aies par uergongne

Le gentil

D'HORACE.

L e gentil son de la Muse odieux,
E t d'Apollon le chant melodieux.
   On ueut sauoir si de nature ou d'art
S e fait un carme excellent. de ma part
I e ne uoi point que peine studieuse
P uisse seruir sans ueine copieuse:
N i mesmement que copieuse ueine
P uisse seruir sans studieuse peine.
T ant fort est l'une a l'autre seruiable,
L' entretenant par accord amiable.
   ·Celui qui ueut paruenir de uitesse
A u but d'honneur, il a de petitesse
T ant eu de mal, & sus la terre dure
A enduré le chaut & la froidure:
S' est abstenu d'infame paillardise,
S' est abstenu de uin & gourmandise.
L e menetrier tant exquis maintenant
V n iour a craint le maitre en apprenant.
A u temps present il suffit que lon die,
I e fai des uers de grande melodie,
V iegne la teigne au dernier en carriere,
D eshonneur m'est demeurer en arriere,
E t confesser ne sauoir franchement
C e que ie n'ai appris aucunement.
   Comme un crieur les acheteurs alliche
A ux biens a uendre, ainsi un Poete riche

L'ART POETIQUE

E n patrimoine & argent usuraire
A ses presens uient les flateurs attraire,
E t s'il peut bien donner au suppliant
R epeue franche, & pleger le client
V il & abiect, & le mettre dehors
D' un tas d'ennuiz qu'il a par proces, lors
M' ebahirai s'il sait iuger parmi
L e faux menteur quel est le urai ami.
 Toi qui as fait ou ueux faire plaisir
A homme aucun, garde de le choisir
P our ecouter les uers que tu as faitz,
C ar lui sentant de tes graces le fais,
C' est tresbien dit, uoila bon, ce dira,
C omme raui en oiant pallira,
E n degoutant pleurs de l'œil blandissant,
E t de son pié la terre ferissant:
E t comme ceux qu'on ua a gages querre
P our larmoier le defunt qu'on enterre,
D isent & font, & quasi se tormentent
P lus fort que ceux qui uraiement lamentent,
A insi plus fort s'ebahit le moqueur,
Q ue celui la qui loue de bon keur.
 Les grans seigneurs, comme on dit, font liurer
V in a foison, iusques a eniurer
C elui qu'en grace ilz ueulent receuoir,
A ffin que mieux puissent apperceuoir

         A son

A son parler s'il est d'amitie digne.
Pareillement suiuant ce mesme signe,
Ne sois deceu en recitant tes uers
Des iugemens de fallace couuers.
 Vare Quintil quant aucun lui lisoit
Quelques siens uers, corrigez, ce disoit,
Cetui passage, & celui la: & puis
S'il repondoit, mieux faire ie ne puis
Pour tout effort, il le faisoit racler:
Ce qui etoit mal limé & peu cler,
Il le faisoit sur la forge remettre.
S'il aimoit mieux excuser le sien metre
Que l'amender, plus mot n'eut repondu,
Et estimoit que c'etoit temps perdu,
Lui permettant que sans emulateur
Fut a soimesme & a ses uers flateur.
 L'homme de bien & sage blamera
Les uers sans art, les durs reprouuera.
A ceux qui sont mal poliz sus l'enclume,
Il croisera un trait noir de la plume,
Et de rongner il sera curieux
Les ornemens par trop luxurieux.
Aux lieux obscurs fera clairté ouurir,
Et un passage ambigu decouurir,
Il marquera ce qui est moins commode
Pour le changer, en ensuiuant la mode

L'ART POETIQVE

Qu'eut Aristarque, & ne dira, ie n'ose
Mescontenter en si menue chose
Vn mien ami: cette chose menue
Conduira l'homme en grand' deconuenue,
Quant une fois aura eté deceu,
Et au rebours de uerité receu.
   Les plus rassis n'ont garde de toucher
Vn fol Poete, ou de lui approcher,
Non plus que d'un qui est atteint de peste,
Ou que la rage ou la lepre moleste:
Mais les enfans le suiuent, & s'en moquent
Sans i penser, & sa fureur prouoquent.
   En debauant son ouurage admirable,
Et tant deceu du iuge fauorable,
Si en un puis ou fosse par malheur
Se precipite, ainsi que l'oiseleur
Qui tend ses retz, combien que tousiours crie,
Secourez moi mes amis, ie uous prie,
Nul n'ait pourtant de lui misericorde:
Et si quelquun lui deualle une corde
Pour le tirer, ie dirai: que sais tu
Si tout a gré illec s'est abbatu
Voulant perir? & la mort difficile
Raconterai du Poete de Sicile,
C'est qu'Empedocle aiant ce uouloir tel
Qu'on l'estimast quelque dieu immortel,

                               saillit

Saillit au feu d'Etne ardente tout froid:
Poetes aint, au moins, de perir droit.
Autant il uaut l'homme faire mourir
Que maugré lui le uouloir secourir.
Par plusieurs fois un tel tour il a fait,
Tant que s'il fut dehors mis, en effet
Ne seroit homme, & l'ardeur curieuse
Ia n'oteroit de la mort glorieuse:
Et n'appert point par quelle frenesie,
Se ueut ainsi meller de Poesie,
S'il a pollu le tombeau paternel,
Ou un autel sacré & solennel:
Mais quoi que soit, il est tout insensé:
Et comme un Ours de courroux offensé,
S'il peut briser les barreaux qui le tienent,
Chasse tous ceux qui au dauant lui uienent,
Pareillement le Lecteur ennuiant
Fait que chacun dauant lui ua fuiant,
Mais il retient celui qu'il peut atteindre
Iusques a l'ame en lisant lui eteindre.
Vne sangsue imprimee a la chair,
Point ne la ueut, n'etant pleine, lascher.

Fin de l'Art Poetique d'Horace.

Moins & meilleux.

www.ingramcontent.com/pod-product-compliance
Lightning Source LLC
Chambersburg PA
CBHW062009070426
42451CB00008BA/446